PARAÍSO AZUL

PARAÍSO AZUL

GUSTAVO ALONSO ARDÓN

PARAÍSO AZUL

ISBN: 978-99979-2-103-1

1ª edición: noviembre 2024

Diseño y desarrollo editorial: Mónica Ardón

AGRADECIMIENTOS

La creación de "Paraíso Azul" ha sido un viaje lleno de emociones, recuerdos y reflexiones. Este libro no habría sido posible sin el apoyo y la inspiración de muchas personas a lo largo de mi vida.

A mi familia: A mi madre, por inculcarme el amor por las palabras y por apoyarme en cada paso de mi vida. Su amor y sabiduría han sido mi guía constante. A mi esposa, cuyo amor y comprensión me han dado la fuerza para seguir escribiendo. Gracias por ser mi musa y por estar a mi lado en todos los momentos, tanto los buenos como los desafiantes. A mis hijos, por ser una fuente interminable de alegría e inspiración. Ustedes me recuerdan cada día la belleza y la maravilla de la vida. A mis hermanos, por su apoyo incondicional y por ser mis primeros amigos y confidentes. Sus palabras de aliento y sus consejos han sido fundamentales en mi camino.

A mis amigos: A mis amigos cercanos, que han estado allí para escuchar mis ideas, brindar su apoyo y ofrecer sus perspectivas valiosas. Sus comentarios y su compañía han enriquecido mis escritos más de lo que pueden imaginar. A los colegas y mentores que he conocido en el camino, gracias por sus enseñanzas y por compartir sus conocimientos conmigo. Su influencia ha sido invaluable en mi desarrollo como poeta.

A todos los que han interactuado conmigo: A las personas que he encontrado en mis viajes y en mi vida diaria, cada uno de ustedes ha dejado una huella en mi corazón y en mis pensamientos. Sus historias, sus sonrisas y sus palabras han contribuido a la creación de estos poemas. A los lectores y amantes de la poesía, gracias por su pasión y por encontrar belleza en mis palabras. Sus comentarios y su aprecio son la mayor recompensa para un poeta.

A los seres queridos que ya no están con nosotros: A aquellos que han partido, su memoria sigue viva en mi corazón y en mis escritos. Gracias por las lecciones de vida, el amor y los momentos compartidos. Su influencia y su amor perduran y continúan inspirándome cada día.

Finalmente, gracias a la vida por brindarme las experiencias que han moldeado estos versos y por permitirme compartirlos con el mundo.

Gustavo Alonso Ardón

PREFACIO

La poesía ha sido siempre un refugio, un espejo y una ventana hacia los rincones más profundos del alma. En esta colección titulada "Paraíso Azul," invito a los lectores a acompañarme en un viaje a través de emociones, recuerdos y paisajes internos que han marcado mi vida y mi visión del mundo.

"Paraíso Azul" es una exploración de la belleza y la complejidad de la vida. Cada poema es un reflejo de momentos y sentimientos que, aunque personales, resuenan con la experiencia humana universal. Desde la alegría y la nostalgia hasta el amor y la esperanza, estos versos están destinados a tocar el corazón de cada lector.

Los poemas incluidos en esta obra han sido escritos a lo largo de varios años y capturan la esencia de diferentes etapas de mi vida. Encontrarán en estas páginas la serenidad de un amanecer, la lucha incansable por el éxito, la dulzura de un beso y la belleza inigualable de la naturaleza. Cada poema es una pieza de un mosaico más grande, un testimonio de la vida en todas sus facetas.

He organizado estos poemas en secciones temáticas para que el lector pueda navegar por las diferentes emociones y paisajes que he intentado capturar. Mi esperanza es que, al leer "Paraíso Azul," encuentren consuelo, inspiración y una conexión con las experiencias compartidas de la vida.

Gracias por acompañarme en este viaje poético. Que cada poema les brinde tanto gozo y reflexión como me ha dado a mí al escribirlo.

Gustavo Alonso Ardón

CONTENIDO

PARTE I
REFLEXIONES SOBRE LA VIDA Y LA NATURALEZA

La ley

Si no se regula, el actuar del hombre,
viene la sombra a resaltar lo incierto,
sobre la crisis de valores muertos,
impuestos por sujetos que no merecen nombre.

La legalidad impulsa el progreso,
intereses mezquinos retroceden sueños,
ansias de poder y visión pequeña
roen la calma, la paz y el silencio.

La falta a la norma no tiene excusa,
merece sanción su incumplimiento,
ya que brilla de la ética, su ausencia,
rindiendo culto a Nix, ¡pobre ignorancia!

El Estado de Derecho luce, prima
y la gobernanza de sus instituciones,
demostrando su canción frente a la vida
que la ley se respeta sin condiciones.

El mar

Inmenso, impactante, reflejo del cielo,
palacio de vida, lleno de misterios;
pareces calmado en cierto momento,
a veces furioso, con ayuda del viento.

Captas del sol singular energía pura,
lanzas al aire agua en vapor,
comienzas el ciclo que activa vida,
eres maravilla del principio creador.

Viven en ti peces diversos y pernas,
pero te pagamos con contaminación,
producto de la ambición eterna
del deprimente hombre, sin educación.

Gracias por tu contribución y grandeza,
porque, a pesar de tanto estás allí;
fuente de alimento, desvías la tristeza,
inspiras al hombre bueno a ser feliz.

El árbol

Campos y montañas embelleces,
tus colores, dan vida a nuestros días;
tu cuerpo una casa ofrece
a las garzas, carpinteros y ardillas.

Bajo tu sombra, el ambiente es confortable,
y de tus frutos, los animales sacian su hambre.
¡Oh, noble árbol!, cuidas la tierra en que creces,
danzas al viento, dando esperanza siempre.

Cuidas del río en su ribera;
tus ramas secas son leña de nuestro hogar.
Sin ti, en desierto se convertirían
montañas, campos y todo lugar.

La montaña

Está cerca del cielo,
besándola constantemente;
en su pico hay nubes blancas,
imponiéndose en el horizonte.

Erguida está la montaña,
la veo de lejos, desde el valle;
cuida de plantas y animales,
también al hombre, aunque mal pague.

La montaña es fuente de vida,
debemos amarla y cuidarla;
de ella todos se benefician,
no juguemos a quemarla.

La montaña es arte,
creado por el Señor;
la naturaleza es agradecida
si la cuidamos hoy.

El viento

Acaricias mi cara,
con delicadeza,
llevas mis penas
y mis tristezas.

Recorres poblados,
también las montañas;
besas al árbol
con sus telas de araña.

Si no estás en movimiento,
está todo calmo.
Ven aquí, hermano viento,
ven aquí cuando te llamo;
seca el sudor de mi frente
testigo fiel de mi trabajo.

Transporta mis palabras,
que llegan al sol,
eso imaginaba
cuando un infante era yo.

Acaricias mi cara,
hermano viento,
como dándome esperanza
en este nuevo tiempo.
Sopla, sopla, pero suave,
ven y corre a mi encuentro.

Amanecer

La luz renace,
veo en el cielo
un hermoso lienzo
de colores nuevos.

Se asoman las nubes,
el sol adormilado,
trinan las aves,
y yo extasiado.

Camino en el campo,
lo hago sin prisa,
mientras me abraza el viento
como una caricia.

Se siente el rocío
que se desliza en las plantas,
y estas con su suave aroma
mi amargura espanta.

Un día nuevo,
que alienta mi ser,
lindas sensaciones
al amanecer.

Rosa

Se asoma un botón
del espinoso rosal;
es una linda flor
en medio del espinal.

Sus pétalos se abren,
color rojo intenso;
el sol la ilumina
y yo la contemplo.

Lanzas al aire,
agradable aroma.
¿Son esos colibríes
los que se asoman?
y beben el néctar
que tú les donas;
eres maravilla,
eres linda rosa.

Las mujeres te copian,
hasta tu buen nombre,
y todos disfrutamos
tus pequeños botones,
que en poco tiempo
serán muchas más flores.

Palomas

Hermosa pareja
diviso en ese árbol,
son dos palomitas
que andan jugando.

Adornan el tiempo
con su belleza,
diminutos seres
llenos de nobleza.

Alzando su vuelo
anuncian la paz,
que un carpintero
nos vino a legar.

Alzando su vuelo,
fieles al viento,
acarician el cielo
mientras las contemplo.

La vida es bella

La vida es bella, siempre lo he dicho,
llena de sorpresas y amores ficticios,
que endulzan el alma y recogen de ella,
de su interior, lo más lindo.

La niñez y los juegos,
la adolescencia y la ilusión,
todo combinado con sueños
oscuros y claros llenos de pasión.

Del pasado los recuerdos quedan,
la maravilla de revivirlos aún,
preciosos momentos de fulgor y estrella,
quedaron guardados en un baúl
que abrí hoy para volver a nacer
y convencerme aún más
de que la vida es bella.

Agrónomo

Al alba, cuando el sol apenas despierta,
su jornada comienza en la vasta pradera;
con manos de tierra y alma de labrador,
cultiva la vida, el pan y el sudor.

Del campo extrae los frutos del esfuerzo,
donde la planta ofrece su generoso beso,
y los animales, con nobleza y sin queja,
entregan su lana, su leche tan pura, tan buena.

Con destreza enfrenta malezas y plagas,
guerrero incansable, en mil batallas;
domina la planta, al animal cuida,
esculpe la tierra, da vida a la vida.

Fertiliza los campos con esperanza,
alimenta al ternero con amor y bonanza;
corta el banano, en racimos dorados
que cruzan el mundo, a puertos soñados.

Explota la Tierra con manos benditas
para dar al mundo su riqueza infinita.
¡Qué noble es la senda que decidí seguir,
ser agrónomo, mi destino, mi vivir!

El fuego

Energía mágica, fuente de calor,
con tu luz brillante, al hombre alumbraste,
impulsaste el avance de la civilización,
presente en momentos clave, creando valor.

Estás en la hoguera que brinda calor,
en la chispa del coche que enciende el motor,
en el cohete espacial que surca el cielo,
y en el horno del obrero que forja el acero.

Das tantas cosas buenas, lleno de honor,
pero también despiertas temor y duelo,
cuando impulsas el proyectil en su vuelo,
segando una vida y rompiendo un sueño.

Celebras las fiestas, irrumpes en el silencio,
aseguras que habrá alimento y sustento,
calmas el hambre del hombre en su anhelo,
pues en nuestro tiempo, eres vital y eterno.

PARTE II
AMOR Y EMOCIONES

Gotas de lluvia

Caen incesantes las gotas de lluvia,
chasquido constante, marcando presencia;
cambian mi ambiente en solitaria escena,
bañado de melancolía por tu ausencia.

Tu recuerdo revive el milagro del amor ciego,
báculo que me sostiene en medio del dolor;
son esas gotas de lluvia, lágrimas del cielo,
cuya melodía mi saudade expresa su color.

Pasan los minutos sin tener conciencia,
fútil es el tiempo si conmigo no estás;
oscuro es mi día, quiero que lo sepas,
extraño tu sonrisa, tu filosofía y tu mirar.

Mentirle al corazón, eso no se puede,
terrible camino que mis pies andarán;
triste soledad, mi cuerpo es endeble,
cual gotas de lluvia de mis ojos caerán.

El equilibrio del alma

En cada día, el alma busca calma,
entre tormentas y armonía fugaz,
el bienestar, refugio de la vida,
es guía silenciosa que da paz.

Sentir el caos, abrazarlo despacio,
dejar que fluya, sin perder el paso,
es la clave sutil que alivia el peso,
y hace del corazón su propio lazo.

Las emociones son olas en el viento,
que elevan o derrumban con su afán,
mas quien conoce el rumbo de su puerto,
las doma y les permite navegar.

El bienestar es pausa, es un respiro,
es entender que el miedo es temporal,
y que en el propio ser está el abrigo,
la fortaleza fiel, el bien real.

Muchacha bonita

Muchacha bonita de ojos cansados,
acaricias al viento, con la luz de tus labios;
tu sonrisa linda enciende el momento,
y en mi pensamiento, te siento a mi lado.

Muchacha bonita con gran acento,
curas mis males como el buen abedul,
llenas el vacío de mi interior expuesto,
pintando mi cielo de un genial azul.

Pasa el tiempo y mi reloj recuerda
que es preciso el momento para la ocasión,
de decirte cosas que abran la puerta,
y navegar por siempre en tu corazón.

Tu rostro lo veo en la flor más bella,
tu nombre en mi mente con calma gravita;
llegaste en silencio como la lejana estrella,
eres mi luz al centro, muchacha bonita.

Triste soledad

Triste soledad que me inventas,
sombríos escenarios en mi mente;
saltan, giran, corren y regresan,
amargando con furia mí presente.
Realidad, falsedad, no me doy cuenta,
delirio asesino de mi calma;
río, lloro y me arrepiento
de la triste soledad que me atrapa.
Y viene despacio a mi recuerdo
la felicidad vivida algún día,
¿Qué pasó si esto no es cuento?
¿Porque fue efímera mi alegría?
¿Dónde están los amigos buenos,
los combatientes de mil batallas,
y que se diga de mi familia?
No me visitan, ni acompañan.
Triste soledad que me consume,
con mucha hambre me devora.
Si ven o escuchan mi lamento,
ven a mi encuentro, ¡cambia mis horas!

Si me ves feliz por ti

Si me ves feliz por ti,
como la primera vez que nos vimos,
mis ojos reflejaron tu sonrisa,
y mi corazón su mejor latido.

Creciste, siendo modelo a seguir,
la presentadora de tus hermanos,
la musa de mis canciones,
dulce aroma de mis sueños.

Eres fiel al mandamiento,
al que concierne a tus padres,
que orgullosos lanzan al viento,
entre amigos y familiares,
la aprobación correspondiente
de usar hoy tu vestido blanco.

Lo acepto, cambiaste de héroe;
no será ya tu papá, el poderoso:
grabarás en adelante, una serie,
de la mano de tu conquistador,
¡quien Dios escogió para ti, como esposo!

Brindo por tu futuro,
por tu proyecto de vida,
por el sol que te alumbra,
¡por tu día, hija mía!
Hoy estoy fuera de sí,
mi expresión es de alegría,
¡sí me ves feliz por ti!

Tu sol

El sol brilla, marcando presencia,
nos invita, animando la marcha;
sí lo ignoras porque abrazas tristeza,
te perderás el camino y la magia.

No te agobies con dirección sin mira,
deposita tu ira, en el abandono;
alza tus brazos, diciendo a la vida:
¡En tierra fértil, comenzaré de nuevo!

Escucha el sonido de la esperanza,
pinta con entusiasmo y risas, tus días,
respira profundo, nueva experiencia,
que el sol radiante, entre en tu guarida.

¡Dale luz a tu vida!
¡Respira paz y alegría!

El silencio de la noche

El silencio de la noche
hace vibrar mis recuerdos,
los más felices y bellos,
con abundancia y derroche.

Disfruto mucho el momento,
que me pierdo despierto,
respirando el sol en su ocaso,
y abrazando la luz de tus besos.

Mi mente es poderosa,
sí con querer, ya te tengo,
abro la caja de mi memoria,
a fin de sacar el amor que es profundo,
para cubrirte completa,
¡en el silencio nocturno!

Respiro tu ausencia

Respiro tu ausencia,
desnudas en mí
al ser que en esencia,
está loco por ti.

Segundo a segundo,
como un quebranto,
estás en mi mente,
aunque no estés a mi lado.

Sueño que juntos
están tu sombra y la mía,
sueño con tenerte
y compartir mi vida.

Ya no quiero más
respirar tu ausencia,
porque el tiempo pasa
y deja huella.

Quiero que mis ojos
reflejen tu figura,
mis oídos tu voz,
mis manos tu cintura,
después recorrer tu piel,
tan llena de tersura.

Solicito al viento,
que te retenga aquí,
para sentir tu aliento
y no respirar tu ausencia al fin.

Te busco

Te busco en la profundidad del cielo,
en la sonrisa de un niño,
en el mar inmenso,
también te busco en mi sueño.

Me contaron que estuviste,
robándole a la Luna su silencio;
dicen que te marchaste con el Sol,
dejando huella aromática en el espacio.

Te busco en la montaña,
en su maraña de árboles frondosos y verdes,
te busco en la mañana a plena luz del día,
porque mis ojos al encontrarte,
reflejan con claridad mi alegría.

Abrazarte y besarte lo primero que haría,
no sé cuántas veces, no lo pensaría.
Sí al estrecharte entre mis brazos,
pondré fin a la agonía

de no encontrarte al buscarte,
y decirte vida mía:
si te busco, es mi gusto,
si te encuentro, es mi sueño,
si te tengo, te digo
que de este amor somos dueños.

Yo te busco porque me gustas,
y te busco en lo callado;
con tu silencio y el mío,
sentirás ¡cuanto te amo!

Hasta mi final

La neblina me abraza, se esconde la esperanza,
mis días se cansan, de esperar respuesta,
para una justa salida de este infierno calcinante
que provoqué, muerto en vida.

La culpabilidad danza en mi mente noche y día;
la sombra del pasado oscurece mi destino,
pero si el amor en mí, no se ha ido,
simplemente está dormido.

No sé si despierte hoy, mañana o el domingo,
y si despierto quiero que mi corazón
encuentre el camino
que dejé de recorrer de la mano contigo.

Cuánto sufrimiento, agonía y ansiedad
oscurecen la promesa
de amarte hasta mi final.

Un beso

Un beso justo es lo que quiero,
de tus labios recién mojados;
un beso frágil que me lleve al cielo,
y al caer, lo haga en tus brazos.

Un beso que me lleve,
a viajar por lo no imaginado,
un beso que me eleve
al más alto nivel de lo deseado.

Déjame entrar en tu mundo,
lléname de ti en un instante,
recorrer tu vida en un segundo,
a través de un beso fulminante.

Un beso nada más es suficiente
para ensombrecer la luz del sol;
un beso dulce y ardiente
que me haga perder la razón.

El deseo

Estando tan lejos,
más allá del gran océano,
recuerdo tus palabras, caricias,
y también tu dulce beso.

El Nilo me dice,
y también Keops,
el tiempo pasa rápido,
pon calma al deseo.

En cada mujer que miro
veo tu rostro en reflejo;
no es tan fácil, lo afirmo,
solo verte en mi recuerdo,
y deseándote a mi lado.

Mirando el cielo te digo,
oportuno! está estrellado.
Tú eres más bella que ellas,
tú eres mi estrella, y te amo.

Quiero

Quiero que me escuchen,
que haya entendimiento,
al lanzar mis palabras,
que rozan el viento.

Quiero ser muy fuerte para soportar este peso
que dobla el deseo de ser como antes,
lleno de pasión, de gran corazón,
como los gigantes, los titanes buenos,
superando obstáculos con andar ligero.

Quiero un ¡buenos días!,
un abrazo y beso,
que los colibríes colmen de caricias
el aire que siento.

Que mi soledad muera con certero disparo,
porque así, ¡si vivo!
Además, sueño, peleo y gano.

Enamorado

Si el cielo se define
como un lugar bueno,
del cielo tú te revistes,
eso es lo mira hasta un ciego.

Linda de nombre,
Bondad tienes por apellido,
herido has dejado a este hombre,
ya que el atrevido cupido
flechó su corazón duro,
que ya habías ablandado
con tu suspiro.

Volando, me siento volando,
cuando te veo por la ventana;
me voy y te sigo pensando,
imaginando mil hazañas.

Acudo a la bondad que te asiste
para curar a este pobre esclavo,
ya que tu voz, para mí es orden
y tu atención, lo soñado.

¡Fíjate, Linda Bondad!
yo también soy bueno,
acompáñame a cabalgar
y a volar en mi sueño,
juntos por la vida,
tomados por la mano,
como dos adolescentes,
los más enamorados.

Silencio

El silencio vibra
y remueve mi calma;
la dobla, la levanta
y la lastima.

Recrudece muy profundo
el dolor que siento;
resalta, a cuentagotas,
mi sufrimiento.

Me desnudo y enloquezco,
sin tregua alguna;
me someto a una triste realidad
que besa la amargura.

Decadente en mi ánimo,
deprimente mi aliento,
que desgarra mis labios
para seguir en silencio.

Cabalgaré el viento

Cabalgaré el viento
para llevarte lejos,
donde la música suena
y el amor es ejemplo.

Cabalgaré día y noche
a ese lugar soñado;
la luna de miel se salda,
se empareja el tiempo gastado.

Cabalgaré el viento contigo,
del mundo dueño seremos;
yo te brindaré abrigo,
y tu cuidarás mis sueños.

Si te molestas, pasado el tiempo,
debido a la rutina,
volveré a cabalgar el viento
para complacerte mi vida.

Tu aroma

Siento tu aroma,
estás muy cercana;
disfruto la ola
de tu fragancia.

Desnudas el tiempo con tu presencia,
opacas la luna con tu belleza.
Omito decirte, en esta ocasión,
que has flechado mi corazón.

En silencio vago
por los caminos,
sin direccionar bien
mi confuso destino.

Aunque sigo tu aroma,
encontraré a la mujer
que se asoma día y noche
en mi pensamiento,
cuando voy por el cielo
cabalgando el viento.

Ansiedad

Veo constantemente,
a través del cristal de la ventana,
abrigando la esperanza
de verte como el sol en la mañana.
Espero el instante en que mis ojos
reflejen tu belleza de verdad,
y terminen de una vez por todas
con mi constante ansiedad.
Ansioso por verte y tocarte,
abrazarte y besarte,
enloquecer contigo
y fundirnos como antes.
Ansioso por revivir
los momentos preciosos
que compartimos
ayer en los días gloriosos.
Ansiedad que golpea
tanto pero me mantiene vivo.
Sí sigo vivo cada segundo,
¡es por estar contigo!

F
G

Nuestra Boda.

Y sigue la historia
la hice mi esposa
despues de casi tres años
de ser mi novia.

Recuerdo esa noche
en el templo sagrado
cuando esperaba ancioso
tenerla a mi lado;
Y el momento llegó
el salón se iluminó
cuando de pronto pude ver
que ella apareció;

Cubría su hermoso cuerpo
una vestimenta blanca
parecida a una estrella
la mas preciosa la mas bella

Ella vino a mí
y la tomé de la mano
Diós comprendió entonces
cuanto nos amamos
y bendijo esa noche
el amor y comprensión
que existe entre una estrella
y un pequeño sol.

Para mi esposa con amor

Gustavo.

Abril 1,993

Paraíso azul

En el paraíso azul de mi vida,
el tiempo adornas con tu favor;
lanzas al espacio tu melodía,
desde tu primer día, mi canción.

Te regalo mis versos, hijita mía,
deseándote felicidad, es mi oración;
un año más de profunda alegría,
te anidas constante en mi corazón.

Que el buen camino te lleve,
a alcanzar lo anhelado;
no desmayes, mira al frente,
se valiente, lo declaro,
sí tropiezas, espero pronto te levantes,
y si lloras, que no sea a mares.

Recuerda que, aunque lejos,
porque me lleva el aire,
imagina que no es el viento,
es el aliento de tu padre.

Hijita de espíritu rebelde

Preciosa mía, al abrir esos ojos,
iluminaste mi mundo con tu mirar,
y en tu primer llanto, colmado de antojos,
la vida floreció, y el amor comenzó a brillar.

Eres bendición que ilumina mis días,
motivas mi alma, llenas todo mi ser,
das vida a mi vida con tu energía,
y en cada paso, me haces renacer.

Hoy, que has crecido, fuerte y valiente,
te abrazo desde lejos, en mi corazón,
persigues tus sueños, siempre sonriente,
dejaste el hogar por tu gran misión.

Espíritu rebelde, alma siempre niña,
que transforma sabores y los envuelve,
en sueños que el horno con su fuego ilumina,
donde el arte de amar y crear se resuelve.

Goles en la memoria

Tenías cinco años, el mundo en tus pies,
corrías ligero, con sueños al viento,
y en cada partido, mi orgullo crecía,
al verte brillar, lleno de talento.

Delantero en el campo, imparable en tu paso,
los goles que anotabas, joyas del momento,
con la zurda precisa, tejías abrazos,
mientras yo, desde lejos, gritaba contento.

La profesora saltaba, pequeña y radiante,
como una pulguita que al cielo quería,
y yo en la gradería, sin pausa, vibrante,
veía en tus ojos la pura alegría.

Te vi coronarte campeón del torneo,
pensé en el futuro, en lo que vendría,
¿serías futbolista? El tiempo diría,
pero hoy eres ingeniero, y aún me enorgullezco.

No fuiste el atleta que imaginé un día,
pero llevas en ti esa misma pasión,
y aunque tu camino tomó otra vía,
me queda el recuerdo, en mi corazón.

Los goles se fueron, más queda el abrazo,
del niño que fuiste, del padre feliz,
y al verte crecer, solo queda el lazo,
de una infancia alegre que vive en mí.

Hijita

Hijita preciosa,
te pido perdón;
el cielo se nubla,
no encuentro razón.

Tú eres un tesoro,
formas parte de mí;
tu voz es un coro
que me dice feliz:
la vida es muy bella,
si te acercas así,
como bajando una estrella
que se ilumina al fin.

De pequeña mi princesa,
hoy adolescente, mi sol,
no has cambiado para nada,
alimentas mi ilusión.

Me disfrazo de resentimiento,
qué mal hace el vanidoso,
y me desquito contigo,
aunque das amor a este tonto.

Tu llegada

Con el bullicio del viento,
escucho a lo lejos tu caminar,
que se acerca con paso lento,
a encontrarse con mi mirar.

Te espero para terminar
con lluvia de estrellas mi soledad;
te espero para celebrar
el fin de un futuro incierto,
porque a mi lado estarás.

Cuando mis ojos tu figura ven,
siento escalofríos y no sé qué hacer;
quisiera decirte la frase perfecta,
para darte la bienvenida y robarte de cerca,
una sonrisa blanca y un fuerte abrazo,
regalarte una flor y darte un beso.

PARTE III
TRIBUTOS Y CELEBRACIONES

Mi suegra Luz

Tras la suma de historias de vida,
cosechó lindos frutos su sueño,
que hoy la cuidan con esmero día a día,
esperando que su luz, brille de nuevo.

Sus cabellos hoy blancos delatan
que son muchos los años andados,
y su piel suave envuelve su alma,
su fe, sus pensamientos ahora encarcelados.

Si nos reconoce y aun reacciona al estímulo,
no pronuncia palabras, es un silencio vivo;
por el amor que representa nos mantiene unidos,
linda viejecita, aquí están sus hijos.

Mujer luchadora, mujer valiente,
digna combatiente de la adversidad,
tu cuerpo hoy se abraza a ser dependiente,
pero tu historia Luz, es de libertad.

Se acerca su octogésimo aniversario,
y hoy me animo a decirle suegra,
que le amo mucho aunque mi voz se quiebra;
Dios le bendiga y su luz no duerma.

Quédate en casa

Si te quedas en casa
y cuidas a los tuyos,
superarás la prueba,
mientras pasa lo oscuro.

El mundo da vueltas,
se repite el ciclo,
nueva oportunidad
de sentirse vivos.

Si demuestras bondad
en época de crisis,
bendiciones caerán
sobre ti en lo difícil.

Si puedes:
ayuda al enfermo,
protege al anciano,
dale agua al sediento
y pan dulce a tu hermano.

Quédate en casa
y espera que pase
el frío de la sombra
y el miedo en el aire.

Mi gran esposa

Escogiste ser maestra de profesión,
y te admiro, por tu esmerada tarea,
de dar más, a tus pupilos nuevos,
¡Dios bendiga tu pasión y entrega!

Eres hija, la mejor del mundo,
eres fiel al cuarto mandamiento;
es tu sombra la que nos cobija,
y tu luz, nuestro entendimiento.

Eres madre, de unos cuantos cuatro,
tus desvelos han rendido frutos,
hoy te cantan, cual, si fueran muchos,
la canción esperada de tu cumpleaños.

Llenas de alegría estos días vagos,
¡eres sinfonía de principios sanos!
Cinco décadas de dulce existencia,
engalanan tu vida gloriosa,
de singular belleza como una rosa,
iluminas mi mundo con tu fragancia.

Construimos una familia hermosa,
le diste sentido a la plenitud
si te robé o robaste mi juventud,
¡qué va, estar juntos es lo que importa!,
Dios ha sido bueno conmigo,
porque me dio una gran esposa.

Lo que no te dije en el templo

Ahora el silencio te cubre,
me emociona el recuerdo de tus palabras;
En el cielo azul hay una nube
que descarga sobre mí, tu mirada.

En el templo sagrado ante a tu cuerpo inerte,
quise decirte frente a muchos, mil cosas,
pero no pude, la lengua se anudo, se nubló mi mente;
de mi corazón, en otoño, cayeron sus hojas.

Hombre de honor y valiente,
tus palabras cargadas de energía,
motivaste a tu paso de forma imponente
a quien disfrutó tu presencia y te vio con alegría.

Fuiste ante todo un gran humano,
con errores vagos y muchos aciertos;
tantas misiones cumplidas y otras en vano,
como la que de niño privaste
a un ser importante de sus alimentos,
¡sin querer, queriendo!

Volaste al cielo como lo hiciste siempre,
de tus hijos fuiste modelo y ejemplo;
orgullosos de ti, con el corazón triste,
¡eso es lo que no te dije en el templo!

Un siglo

No es un día cualquiera
el que Dios nos regaló;
hoy es día de fiesta,
la chiquilla ya nació.

Es un decir lo anterior,
ya que esa chiquilla preciosa,
cien años cumplidos son,
está muy orgullosa,
ya que su familia está,
desde grandes y pequeños,
celebrando con emoción,
dando luz al festejo.

María de la cruz,
este 3 de mayo de miel y queso,
te deseamos lo mejor,
te colmamos de besos,

que tu luz irradie más que el sol,
y que Dios te bendiga,
te regale mil luceros,
en el que viajarás siempre,
navegando en mis recuerdos.

La abuelita del centenario,
dulce y buena con alegría;
la familia orgullosa está
por tus 100 años de compañía.

Thelma

Tus ojos brillantes reflejan ternura,
disfruto ese instante que a mí direccionan;
me dices mucho sin hablar siquiera,
y cuando lo haces con palabras frescas,
una imagen pintoresca en mi ocasionas.

Tus manos alzadas diciéndole al viento:
"¡haz de mí, Oh, Señor tu voluntad!"
que si la pena alguna vez aqueja tu pensamiento,
que la lleve consigo céfiro y no vuelva más.

Tu familia y amigos de ti orgullosos,
eres ejemplo de generaciones nuevas,
legado de paz, armonía y gozo;
donde quiera que vayas dejas tu huella.

Mujer noble, cariñosa y tierna,
esparces dulce aroma, como halo de estrella;
de carácter fuerte, valiente y bella,
cantas al mundo tu historia, ¡Thelma!

PARTE IV
CRÍTICA SOCIAL Y REFLEXIÓN

Me muevo

El fin justifica los medios,
exponen los hijos de Maquiavelo,
desbordando en un destello
la construcción de un cementerio.

Las ansias de poder
desnaturalizan al ser humano;
hay mucho que aprender
para no ser un tirano.

Intereses comprometidos,
con la falsedad de sus actos.
¿Hombre, en que te has convertido?
en aliado del mal por tu pacto.

Tus valores no valen nada
en el mercado de la dignidad;
asesinas con tu espada,
con astucia, la verdad.

El tiempo lo cura todo,
aunque hay heridas profundas;
del ave que aún moribunda,
sale victoriosa del lodo,
y vuela alto, iracunda,
a buscar comienzo nuevo
y cantar a los cuatro vientos:
¡Que, si vivo, me muevo!

Se fue

Se apaga la luz,
el tiempo se agota,
todo llega a su fin,
comienza otra historia.

El cielo es azul
cuando el día lo besa;
de oscuro el color,
si el sol no regresa.

Enmudecida es mi canción
al despedir un ser querido,
tras su marcha para siempre
hacia un nuevo destino.

Porque entre la vida y la muerte,
sin frontera de luz y sombra,
el recuerdo te ilumina.
Hoy lo ignoto es trayectoria,
sólo la esperanza es firme
del que se fue a eterna Gloria.

Coincidencia

Qué coincidencia tan grande
al estar usted aquí,
vestida de luz y calor,
irradiándome así.

Enciende mi vida como un sol,
cual maravilla puedo ver;
mis ojos reflejan con candidez
la belleza sagrada en ti, mujer.

Bendito el cielo y este momento,
este espacio, este segundo,
que ocupa el destino en coincidir
tu presencia y la mía,
ya que tu amor es mi rumbo.

Te conocí y me conociste,
no sé si fue tarde o fue temprano;
la coincidencia es que tú existes
para dedicarte las letras de mi mano,
que hilvanadas dicen por esta vía:
hermosa mujer, ¡cuanto te amo!

La Habana vieja

En el viejo malecón,
de La Habana fresca,
corriendo va un trovador,
que le canta a la belleza.

De nuestra vida en la Tierra,
de lo cotidiano a lo especial,
de las ilusiones pasajeras,
que siembran un amor abismal.

Un señor en la orilla,
con su caña de pescar,
con paciencia incesante,
intenta sacar alimento del mar.

Silenciosa e imponente,
está la catedral;
de sus calles coloniales,
La Habana vieja,
en mis recuerdos siempre estarás.

Día gris

Qué día más triste, alejado del sol,
navego en tinieblas, no sé ni quién soy.
De refugio el trabajo, para olvidar mis penas,
pero qué gana el cansancio al desangrarse mis venas.

Paraíso perdido, nubes opacas,
la razón se quiebra, también esperanza;
¡del cielo al infierno! con rapidez de bala!

El sol no calienta, se aburrió de hacerlo,
el amor es espejismo, no es real, tampoco eterno.
La flor se marchita, el ave no canta,
su luz ya no existe, se acabó la magia.

Un instante precioso o un día perfecto,
los sueños e ilusiones, que no tienen precio,
ya no valen nada, no tienen sentido,
si el sabor no siento, sí estando con vida,
¡No sé dónde estoy, me perdí tu encuentro!

Su vida

Bajo el abrigo de un hogar bien cimentado,
donde la bondad y la fuerza fueron guía,
nació María Concepción, su nombre registrado,
pero para mí, y todos, es Mami querida.

En su hogar, donde el tiempo se detuvo,
la joven Conchita, con fe y bondad,
luchó sola, enfrentando su verdad;
ser madre soltera, fue su peso prematuro.

Sufrió en silencio, con el alma herida,
pero jamás dejó que yo lo sintiera;
su fuerza fue mi escudo, mi guarida,
y su amor, la llama que siempre ardiera.

Hasta mis cinco años fui su sol,
viví en su abrazo, en su tierno calor;
cada día en su regazo, sin temor,
su amor me guio, fue mi gran farol.

Con Don Ramiro, la vida prosiguió,
tres hijos más en su seno gestó,
el tiempo curó lo que el destino trazó,
y juntos el cariño en su hogar agrandó.

Hoy, sus canas cuentan historias de ayer,
cada hebra plateada, un suspiro más;
aunque su salud ya no es lo que fue,
su esencia perdura, su amor es tenaz.

La comparto ahora con muchos corazones,
pero en mi alma siempre será mi guía;
la amamos todos, con profundas razones,
doña Concha, Conchita, Mami eres nuestra alegría.
Divulgo su historia, con gran pasión,
resiliente su vida, mi inspiración.

El éxito

Me esmeraba e intentaba
por alcanzar la meta trazada;
me caía sin testigos,
y me levantaba como si nada.

Luchaba y luchaba
con mucha insistencia,
porque sabía del premio
que ganaría con paciencia.

Era fácil y difícil,
era simple y complejo;
yo reía y lloraba
por alcanzar mi sueño.

Al final lo conquistaba,
y me quedaba como su dueño.
¡Era el éxito! de él les hablo,
de eso recita este viejo.

PARTE V
POEMAS FINALES

Luz y alegría

Pintas el tiempo con luz y alegría
cambias tu mundo con mucha emoción;
siente la brisa de paz en tu vida,
porque tus buenas acciones son linda canción.

Si alguien o algo, invade tu espacio,
provocando desdicha y mala intención,
recuerda que tu perspectiva del cielo
es hacer lo bueno y otorgar perdón.

Si tu paso se siente cansado,
haz una pausa y recobra energía;
que tu sol, despeje el momento nublado,
y sigue embelleciendo el tiempo, con luz y alegría.

La joven de ojos verdes

En estos momentos navega,
deslizándose en mi memoria,
una joven dulce y bella,
que hace luz en mi sombra.

Sus ojos dos luceros,
que se esconden de repente;
será cuando ella duerme
que guarda sus lindos ojitos verdes.

Si ella esconde sus ojos,
yo también con los míos,
espero soñar siempre
que cuando duermen, los cuido.

El huevo

Sabroso y nutritivo,
alimento sagrado,
suave para el niño,
por todos aprobado.

No falta en la mesa
del rico y el pobre,
asequible por siempre,
huevo llevas por nombre.

Fácil de preparar y servir
para diferentes paladares,
y se puede producir
en granjas chicas y grandes.

Un manjar rico alimento,
recomendado por expertos;
y si eres fértil, llevas vida,
del cual nacerán polluelos.

Soneto al bolígrafo

En el siglo del cambio, tú naciste,
luz moderna en la mano del mortal,
democratizando el verbo inicial,
y al mundo entero su voz le diste.

Ya no más pluma con su tinta triste,
ni el tintero antiguo, ceremonial;
con tu bola fluye tinta sin final,
fácil, constante, sin que se resista.

Fuiste testigo de grandes acuerdos,
de estudiantes, funcionarios, y escribanos,
instrumento fiel en todos los ruedos.

Símbolo de progreso en nuestras manos,
dejaste en la historia tus recuerdos,
bolígrafo inmortal, tus trazos son eternos.

Los zapatos de Martín

En un pueblo de tierra y polvo,
donde las casas se abrazan buscando consuelo,
vivía Martín, con su risa de sol,
en medio de la lucha, en medio del duelo.

A los ocho años ya conocía el hambre,
conocía las manos de su madre cansada,
que cosían sueños en una fábrica al final del camino,
mientras su padre se desvanecía en la sombra olvidada.

Martín corría con zapatos sin suela,
dejando que la tierra le hablara en sus pasos;
sus compañeros se reían, se burlaban,
pero él, con orgullo, les decía: "Son buenos, son mágicos"

Esos zapatos rotos, esos trozos de cartón,
eran alas invisibles en sus pies de niño,
y cada día corría más lejos, más rápido,
como si el mundo, ante él, fuera un guiño.

Un día, su maestra en la escuela vio su verdad,
sus zapatos remendados, su mirada firme,
y en su corazón de arrugas y plata,
nació un deseo de aliviarle el camino, de redimirle.

"Martín," le dijo con voz suave, con cariño en cada palabra,
"¿Por qué nunca me contaste que tus zapatos te hacían sufrir?"
Y él, con esos ojos inmensos y un orgullo que nada quebraba,
respondió: "Son mágicos, maestra; con ellos vuelo y aprendo a vivir."

Esa tarde, la maestra fue al armario de la escuela,
buscando entre sombras y huellas de otros pies,
hasta encontrar un par de zapatos nuevos
que guardaban historias, secretos tal vez.

Al día siguiente, en la puerta lo esperó
con una caja de esperanza envuelta en papel marrón,
y cuando Martín vio esos zapatos brillantes,
su corazón de niño se llenó de canción.

"¡Maestra, no puedo aceptarlos, son demasiado bellos!"
"Claro que puedes," respondió con calidez,
"estos también son mágicos, Martín,
y te llevarán más lejos que antes, tal vez."

Y así, con sus nuevos zapatos y un corazón agradecido,
Martín corrió más rápido que nunca,
corrió hacia un futuro lleno de promesas,
porque sabía que, aunque la vida fuera dura,
siempre habría alguien que creyera en su vuelo,
en sus sueños de niño, en su luz pura.

Esa noche, junto a su madre en la cama humilde,
Martín cerró los ojos con una oración en sus labios;
agradeció los zapatos, la maestra, el abrazo,
y prometió seguir adelante, sin miedo al fracaso.

Comprendió que la magia no era del cuero ni del hilo,
sino de un corazón que, aunque pequeño, era fuerte y sin fin,
un corazón que sabía soñar, volar, resistir,
por los caminos polvorientos, siempre creyendo
en la fuerza silenciosa de los zapatos de Martín.

Te extraño

Te veo venir a paso lento,
siguiendo tu andar desde mi rincón;
te desplazas, rozando el viento,
y en silencio, penetras mi interior.

Frente a mí, compartimos un saludo,
sonrisas que en mi piel se sienten;
respiro tu fragancia por un segundo,
y en ese instante, la luz me envuelve.

Sigues tu camino sin detenerte,
y yo te sigo hasta perderte de vista;
luego, tu recuerdo inhalo lentamente,
para sostenerte en el sueño que me visita.

Hasta que un motivo me despierta,
y de nuevo te pienso en el desvelo;
no te conozco, pero ya te extraño,
como se extraña a un amor eterno.

El reloj

Marcas el tiempo de nuestras vidas,
enseñas al hombre a ser correcto,
eres vital para el atleta en la pista,
el obrero en su turno y el maestro en su puesto.

Te agitas con júbilo al marcar la hora,
te sigue el chef en su cocina apurada,
el médico en el hospital, el policía en su ronda,
y el locutor que habla con voz acelerada.

Invento mágico del hombre sabio,
te vistes hoy de tecnología nueva,
para todos, eres guía y compás necesario,
y tu ritmo constante la vida renueva.

Eres más que un objeto, eres maravilla,
instrumento que embellece cada aurora,
sin ti, el caos reinaría en la vida sencilla,
tú, reloj, eres el guardián de cada hora.

El búcaro roto

En la cocina humilde, de piso de tierra,
el búcaro guardaba su agua tan fresca,
fue creado con manos que, entre fe y espera,
moldearon con amor una esperanza eterna.

Yo, siendo niño, quise alcanzar su borde,
mi sed buscaba calma en su frescor callado,
pero al apoyarme, quebré lo que se esconde,
el agua inundó el suelo, y hui desconsolado.

El barro roto quedó, como un suspiro,
mas no olvido el sabor que en mis labios dejaba,
era el agua que la tierra ofrecía en giro,
fresca y pura, como un regalo que me abrazaba.

Hoy pienso en esa vasija, rota y caída,
en las manos que la hicieron con amor sincero,
es un símbolo de la vida bien vivida,
y del agua que en su barro guardaba el sendero.

Mi escuela, Gabriela Mistral

Entre colinas vivía la escuela querida,
mi escuela linda, Gabriela Mistral,
donde aprendí las letras y la vida,
descalzo corría, libre, sin igual.

No era por falta de zapatos en casa,
sino por sentir el suelo bajo mis pies,
los escondía al salir, en cada mañana,
para ser más rápido, más ágil, tal vez.

Con la pelota en los pies, y el sol en el cielo,
corría ligero, sin peso, con emoción,
jugaba con amigos que aún hoy conservo,
aunque algunos ya están en el cielo, en su mansión.

Las maestras, ángeles llenos de ternura,
nos guiaban con paciencia y amor fiel,
nos enseñaban no solo a escribir con cordura,
sino a vivir la vida con honor y deber.

La escuela sigue viva en mi memoria,
como un faro que ilumina mi niñez,
sin lujos, pero llena de alegría y gloria,
fueron esos años los más hermosos, tal vez.

Hoy al recordar el himno en su canto,
"Entre colinas está mi escuela", mi ideal,
se me llena el alma de un dulce encanto,
gracias a ti, mi escuela Gabriela Mistral.

El último refugio

Tengo ochenta años y un rincón tan pequeño,
tres hijos, quince nietos, un bisnieto,
una mesa sin postres ni secretos,
donde se enfría el café de mis sueños.

Ya no horneo las galletas de canela,
ni el pan de miel que a todos reunía,
ni preparo el guiso que encendía
la risa en cada cena que consuela.

Ahora el crucigrama es mi aliado,
mientras espero cartas que no llegan,
y el eco de sus voces se ha callado.

Solo espero que entiendan, en su vida,
que cuidar a quien te amó sin medida,
es devolverle a la raíz su flor querida.

Símbolos patrios de Honduras

Bajo tu cielo azul, patria serena,
la bandera ondeando en su esplendor,
dos mares que te abrazan con amor,
y estrellas que en la historia se encadenan.

El escudo es montaña y sol naciente,
con arcoíris que anuncia el porvenir,
la aljaba indígena nos da el sentir
de un pueblo que resiste siempre valiente.

Tu himno, río de lucha y esperanza,
canta la libertad con gran fervor,
y en sus notas, el pueblo avanza.

Orquídeas, pinos, el venado en la calma,
junto a la guara que vuela majestuosa,
simbolizan tu alma, noble y gallarda.

Eternidad en la ciencia

En la inmensidad del cosmos sin frontera,
donde el tiempo se detiene en su lamento,
los sabios tejen con sus sueños al viento
la luz eterna de su fiel bandera.

Newton vio caer una estrella entera,
Einstein dobló el espacio en un momento,
Curie exploró la vida en su tormento,
y Tesla encendió la noche pasajera.

Darwin trazó el origen de la vida,
Fleming curó con hongos la herida,
y Planck vio en lo cuántico el secreto.

Nobel, entre pólvora y olvido,
dejó en la paz su gran nobleza erguida,
y su legado, eterno en cada objeto.

Grandes de la economía

En campos de ideas, se alzan con bravura,
los sabios que el destino han de esculpir,
Smith soñó en libertad el porvenir,
y Marx vio en la lucha la verdad más pura.

Keynes, con su mano de intervención segura,
calmó la tormenta que el caos hace hervir,
mientras Friedman, en el libre fluir,
vio en el mercado la respuesta dura.

Veblen pintó el lujo en su tela social,
Schumpeter cantó al cambio y la ruina,
Sen midió el valor en la vida real.

Cada teoría es una estrella divina,
guiando a la humanidad en su ideal,
hacia un mañana de justa doctrina.

La silla de madera

Allí está, en su rincón, vieja y gastada,
la silla de madera, fiel y querida,
con su color marchito, su alma marcada,
por manos bendecidas que le dieron vida.

Nació de un hombre humilde, con fe y esmero,
golpe de clavo y martillo bajo el sol,
sus manos moldearon el sueño sincero,
de dar pan a su mesa, con lucha y valor.

La usó el abuelo en noches de fatiga,
después de largas horas en el campo cruel,
sentado en su refugio, su fiel amiga,
murmuraba en silencio su rezo a la piel.

La usó la abuela, en días de desvelo,
tejiendo junto al fuego historias sin fin,
en su regazo, dormían con anhelo,
los nietos que soñaban al calor del rincón.

Los hijos crecieron bajo su regazo,
sentados en su sombra, aprendiendo a amar,
y aunque el tiempo la ha vuelto gris, sin abrazo,
sus grietas son testigos de un largo andar.

Hoy sus patas tiemblan, su cuerpo se inclina,
más su esencia perdura, firme, sin quebrar,
y en cada astilla se esconde una rutina,
de quienes la amaron y no volverán más.

Fue hecha con amor, con fe y esperanza,
un carpintero pobre la forjó en su hogar,
y aunque el tiempo le robe luz y templanza,
sigue erguida, en silencio, para recordar.

Hoy te miro, silla vieja, deslucida,
y siento que en tu madera vive el ayer,
tu existencia humilde, aunque ya vencida,
es un símbolo eterno de amor y deber.

Arquitectos del progreso

Taylor midió con ciencia cada paso,
optimizó la fábrica en su labor,
Fayol trazó con orden su compás claro,
planificar, mandar, su eterno ardor.

Weber alzó con reglas la estructura,
la burocracia fue su creación fiel,
Mayo entendió que en la gente perdura
el lazo humano, guía del papel.

Drucker miró el valor en el cliente,
el liderazgo y la innovación constante,
y Porter, con estrategia inteligente,
diseñó la ventaja en cada instante.
Son los pilares de la gestión triunfante,
su legado es la luz que guía adelante.

Conexión perdida

Vivimos en un mundo siempre alerta,
donde el pulso del móvil dicta el día,
y aunque la red nos une a cualquier puerta,
el alma, entre pantallas, se extravía.

La mesa está servida, amigos cerca,
pero el brillo del vidrio rompe el lazo,
los ojos buscan redes, y se acerca
el frío de un silencio entre los brazos.

La naturaleza queda en un suspiro,
ya no sentimos viento, ni su calma,
la tierra pide un grito, pero giro,
y solo hallo un eco en mi propia alma.

Desconectar es hoy la resistencia,
volver al tacto, al rostro, a la presencia,
a escuchar en los árboles la esencia,
y hallar en lo cercano la consciencia.

"A través de estos versos, recordemos la belleza de la vida en todas sus facetas, la importancia de los vínculos que forjamos, la fuerza transformadora del amor y la esperanza"

Gustavo Alonso Ardón

www.ingramcontent.com/pod-product-compliance
Lightning Source LLC
LaVergne TN
LVHW041120150826
845673LV00007B/2133